AF250822

DIEU LE VEUT !

OU

MISSION PROVIDENTIELLE

ET SENTIMENTS RELIGIEUX

DU

ROI CHARLES VII

ET

DE SON ARMÉE

Par M.-F. D'EZERVILLE

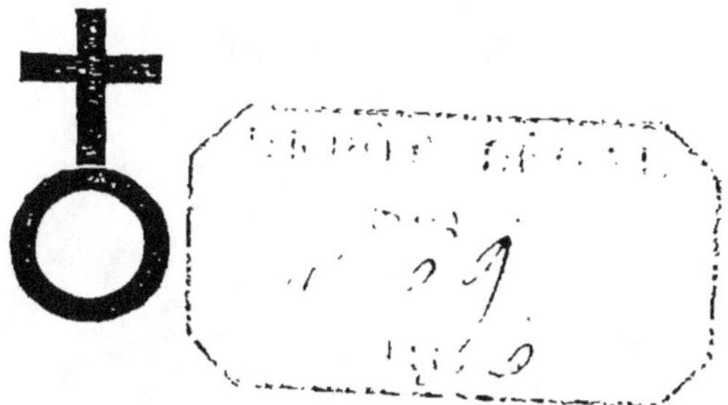

PARIS

CHEZ TOUS LES LIBRAIRES

—

1876

Paris. — Typ. PILLET fils aîné, 5, rue des Grands-Augustins.

DIEU LE VEUT !

~~~~~~~~

Voilà plus de trois ans que le jeune prince qui tient haut sur les champs de bataille de l'Espagne le drapeau portant cette devise : *Dieu, Patrie, Roi,* remplit l'Europe de sa renommée. Amis et ennemis le considèrent avec respect, comme un de ces hommes que le Ciel destine à exercer une influence puissante sur les affaires de leur siècle. Notre plan n'est pas de raconter ici les événements militaires qui se sont accomplis dans les provinces du Nord de l'Espagne, depuis que Charles VII y commande. C'est uniquement le côté religieux de cette guerre que nous allons envisager.

I. — Mission providentielle du Roi Charles VII.

Ce fut le 20 avril 1873 que Charles VII se rendit dans les Pyrénées pour prendre la direction de la
~~~~~~~~

guerre. A tous ceux qui lui objectaient les diffi-
cultés de l'entreprise, le jeune prince répondait :
« Que jamais, pour l'intérêt d'une ambition person-
nelle, il n'aurait tenté de reconquérir sa couronne,
mais que Dieu même voulait cette guerre; qu'il
fallait délivrer la catholique Espagne du flot d'irré-
ligion qui menaçait de la submerger ; qu'appelé
par un peuple, il mourrait plutôt que de renoncer
à l'accomplissement d'un grand devoir ; et qu'il se
confiait comme il l'avait toujours fait dans le secours
d'en haut. »

Lorsque, dans les commencements surtout,
toutes les ressources faisaient défaut, on le voyait
toujours calme et intrépide : « Je comprends, disait-
il, que si l'on regarde les choses humainement, il
n'y a pas d'espoir ; mais comme il s'agit de l'œuvre
de Dieu, du rétablissement de la religion, certainement Dieu nous aidera. »

Enfin, Notre-Dame du Mont-Carmel, que don
Carlos honore d'un culte particulier, voulut l'intro-
duire elle-même, le jour de sa fête, 16 juillet 1873,
dans le royaume qu'elle a promis à saint Jacques de
garder catholique jusqu'à la fin du monde. Ce fut
après avoir fait, la veille, la sainte communion, et
portant sur sa poitrine l'image du cœur de Jésus
brodée par la reine, que le jeune roi se présenta à

ses troupes, qui portaient aussi, en drap rouge, sur leur uniforme, l'image du sacré cœur de Jésus. *Vive la Religion ! Vive Pie IX ! Vive Charles VII !* tels furent les cris qui l'accueillirent.

C'était un enthousiasme indescriptible, digne des héros de Pélage et de saint Ferdinand. Avant tout, le prince voulut assister à un *Te Deum* en actions de grâces. Les braves populations de ces provinces catholiques, voyant le roi faire si hautement profession de sa foi religieuse, ne savaient contenir les élans de leur joie.

Convaincu qu'il a une mission à remplir, Charles VII ne craint pas de l'affirmer hautement : « Appelé à tuer la Révolution dans ma patrie, je la tuerai. » C'est ainsi qu'il parlait au peuple espagnol dans sa fameuse proclamation du 6 janvier 1871, qui précéda de quelques semaines la bataille victorieuse de Lorca.

« Cette proclamation, lui écrivait un mois après l'illustre évêque d'Urgel, a confirmé ma conviction intime que Votre Majesté a reçu du Très-Haut la mission d'écraser la Révolution et d'en poursuivre les restes jusqu'à Jérusalem. »

Don Carlos, déclarant d'une manière plus expressive sa pensée, lui répondait : « Comme vous, Monseigneur, je crois que la volonté de Dieu est que j'écrase la Révolution qui afflige tant notre Église et précipite cette chevaleresque nation dans la honte et la ruine. Je sens en moi le courage nécessaire pour combattre en faveur d'un si noble but, et j'ai la confiance inébranlable de mener les choses à bien. »

Enfin, voici le jugement que porte sur la noble entreprise de Charles VII la *Civitta cattolica*, ce docte recueil, fidèle interprète des doctrines romaines :

« Que ce dessein de Charles fût une chose sérieuse et dont il ne fallait pas se railler, la Révolution, mieux que tant de catholiques bons et timorés, le prévit dès le moment où le jeune prince apparut sur le sol de l'Espagne, bannière déployée, et précédé d'une poignée de partisans pleins de vaillance. »

Après avoir donné tous les motifs qu'elle a de reconnaître la mission providentielle de Charles VII, la docte feuille ajoute :

« Toutefois, pour nous, l'espérance que nous avons de la voir conduire à bonne fin sa mission, nous la mettons moins encore dans les autres nobles qualités et dons du royal cœur de Charles que dans cette foi et cette piété catholique qu'il a sucées avec le lait de son auguste et religieuse mère, et avec laquelle il fait solennellement profession d'être l'humble disciple de Jésus-Christ et le fils obéissant de son Église.

« C'est un catholique déclaré, sans réticences insidieuses, et l'ennemi juré de toute forme d'apostasie à l'égard du Christ. Il ne veut être roi ni de la Révolution, ni par la Révolution, mais roi du peuple, et roi par Dieu, pour le bien du peuple. Au-dessus de lui, il reconnaît le Christ-Dieu, roi des rois, et seigneur des seigneurs ; et, à sa place sur la terre, le Pontife romain, qu'il appelle son *roi spirituel.* En un mot, Charles VII personnifie l'antithèse de la Révolution. C'est pour cela que la Révolution lui fait l'honneur de son inextinguible haine. Or, cette haine envers lui de tout ce qu'il y a d'impie et de méchant sur la terre ; cette haine dont il est poursuivi conjointement avec l'Église de Jésus-Christ et son chef visible ; cette haine qu'il s'est attirée, et qu'il endure, parce qu'il est et veut être roi catholique ; cette haine qui vient de la haine satanique de la Révolution contre Jésus-Christ ; cette haine en dépit de laquelle il va de victoire en victoire, est pour nous une *preuve manifeste que Dieu est avec lui et qu'il a sur lui des desseins pleins de grandeur et de miséricorde pour l'Espagne, et peut-être pour la chrétienté tout entière.*

Qui sait si ce jeune héros n'est pas prédestiné à renouveler de nos jours les hauts faits de Charlemagne ? »

Tel est le jugement porté sur Charles VII par la célèbre revue romaine, dont les articles ont une si grande autorité.

Ces différents témoignages sont encore confirmés par le fait suivant, qu'on peut invoquer en témoignage de la mission providentielle confiée par Dieu lui-même à Charles VII.

Voici ce fait, dont la plupart des feuilles publiques se sont bien gardées de dire mot, malgré son authenticité incontestable.

Le jour de la glorieuse sainte Thérèse, 15 octobre 1873, le vaisseau *la Ville-de-Bayonne* sortit du port dont il porte le nom. Il était chargé de quatre mille fusils, d'un million de cartouches, et d'une grande provision de résine, de térébenthine et autres matières inflammables. Cette cargaison était destinée aux carlistes ; mais il fallait préalablement la faire passer par l'Angleterre, car on ne pouvait l'adresser directement à un port espagnol. Or, avant d'arriver à Bordeaux, le soir même du 15 octobre, les matelots virent sortir par les écoutilles une grande fumée, et redoutant, non sans raison, un effroyable incendie, ils s'enfuirent épouvantés dans les canots, entraînant avec eux le capitaine et son second. La crainte de l'explosion des poudres leur fit précipiter leur fuite, et bientôt un épais brouillard s'étant élevé subitement, ils perdirent de vue le navire. Le capitaine et les matelots étaient si assurés du prochain naufrage, qu'ils restèrent un ou deux jours sur la côte, pour tâcher de recueillir les débris du bâtiment échoué. En vain, quelques marins venant d'Espagne racontèrent qu'ils avaient rencontré en chemin *la Ville-de-Bayonne ;* on regarda ce rapport comme un rêve, car on croyait le navire brûlé.

Cependant, Dieu et sa glorieuse servante sainte Thérèse conduisirent le bâtiment beaucoup mieux que n'aurait pu le faire le meilleur pilote. Non-seulement il vogua droit vers les côtes d'Espagne, mais il se dirigea précisément vers le seul et unique port qui fût en ce moment au pouvoir des carlistes. C'est le petit port d'Andarroa, où se trouvait alors Charles VII. Ce navire, sans drapeau, et qui ne faisait aucun signal, excita fort la curiosité des pêcheurs ; mais ils n'osaient l'aborder, craignant quelque embûche de l'ennemi. Enfin un canot se risqua à aborder le bâtiment mystérieux, et grande fut la surprise quand on le trouva complétement abandonné. On se hâta de le remorquer dans une petite baie du golfe où, par une coïncidence toute providentielle, il put pénétrer, grâce à une de ces marées où la mer atteint son plus haut niveau et que les matelots appellent *marées vives*. Jamais, sans cette marée, il n'aurait pu entrer dans ce port, et il n'en pourra sortir qu'avec une marée semblable. A peine la *Ville-de-Bayonne* était-elle en sûreté que parut un vaisseau républicain, qui croisait dans ces parages. Son fort tonnage ne lui permettant pas d'entrer dans le port, il canonna, mais en vain, le navire carliste. S'il fût passé deux heures plus tôt, la *Ville-de-Bayonne* tombait infailliblement au pouvoir des républicains.

« Qu'on ne voie, si l'on veut, en tout cela, que des coïncidences fortuites ; pour moi, j'y vois une preuve palpable de la providence du Cœur de Jésus et un vrai miracle en faveur des carlistes.

« Il y a, dans ce seul fait, comme on l'a pu remarquer, toute une suite de circonstances extraordinaires ; et si une seule avait manqué, certainement ces armes et ces munitions seraient tombées au pouvoir de l'ennemi, et, probablement, n'ayant pas ces armes, les carlistes n'auraient pu remporter sur Morionès l'importante victoire qu'ils remportèrent le jour du Patronage de la sainte Vierge.

« Quand un secours aussi inespéré lui arriva, Charles VII, dans sa reconnaissance, fit aussitôt chanter le *Te Deum* en présence de toute l'armée. On a dessein, pour conserver le souvenir de ce miracle, de faire élever sur la côte une grande croix en marbre, avec une inscription commémorative.

« Quant à cette brillante victoire remportée sur Morionès, grâce aux armes que la Providence avait envoyées, voici dans quels termes Charles VII la télégraphiait à la reine Marguerite : « Aujour- « d'hui, jour du Patronage de la sainte Vierge, « elle nous a aidés à gagner une grande victoire. « Morionès, après deux jours de combat, n'osant « le continuer, a dû se retirer le troisième jour, « poursuivi par nos troupes, et laissant en notre « pouvoir des munitions, des prisonniers, et une « grande partie du butin qu'il avait amassé en pil- « lant la contrée. Les pertes de l'ennemi sont im- « menses, les nôtres fort petites. Je viens de féli- « citer mes braves volontaires sur le champ de « bataille. »

Aussi, c'est cette confiance dans le secours du ciel qui faisait dire à Charles VII, dans son mani- feste du 22 septembre 1875 :

« Champion de la foi catholique et du droit monarchique, seul en armes aujourd'hui pour la défense de ces principes essentiels de toute société chrétienne, je suis par le fait le tenant des revendications légitimes.....

« *Cette grande mission que j'ai acceptée de la main de Dieu*, je la remplirai jusqu'au bout sans hésitation, sans compromis, sans défaillance.....

« Les événements se précipitent. La révolution cosmopolite déchaîne contre moi toutes ses violences.·

« Ne craignez rien. Un Bourbon ne manque jamais à sa parole. J'ai promis de tuer la Révolution, elle mourra.

« Demandez à Dieu qu'il me protége..... »

II. — Sentiments religieux du Roi
Charles VII.

Pour bien connaître l'âme et les sentiments chrétiens de ce jeune héros, il suffirait de parcourir ses actes publics et sa correspondance.

Citons-en seulement quelques passages des moins connus, pris çà et là, et comme au hasard.

Déjà dans sa lettre du 30 juin 1869, à son frère le prince Alphonse, alors zouave du Pape, il disait : « Mon devoir est de consacrer à mon peuple toutes mes pensées et toutes mes forces, *et de mourir pour lui ou de le sauver*. Que peut désirer un roi catholique, sinon le bien de son peuple? » Il disait en terminant, à son frère, qu'il lui enviait la gloire d'être zouave du Pape. Dans une autre lettre, écrite au nom de Charles VII par son secrétaire Arjona, en avril 1872, il était dit : « Le duc de Madrid (Charles VII) demande, à la face du monde entier, l'honneur de commander l'avant-garde de la grande armée catholique, qui est celle de Dieu, du trône, de la propriété et de la famille. »

Un peu plus tard, il écrivait à une personne qu'il savait prier beaucoup pour lui : « Je sais que de votre retraite partent tous les jours, plus puissantes que des décharges d'artillerie, de ferventes prières qui nous ouvriront enfin une brèche (27 septembre). — J'espère beaucoup en Dieu, et, quoique je voie les choses telles qu'elles sont, je ne me laisse pas abattre, et je poursuis mon chemin avec la tranquillité d'un homme qui remplit son devoir. Je me recommande à vos prières (27 octobre). — Dans toutes ces graves circonstances, je redouble mes prières et j'élève mon cœur vers Dieu, pour qu'il m'éclaire sur tout ce qui m'est le plus nécessaire et qui convient le mieux à sa plus grande gloire (8 novembre 1872). »

La veille de Notre-Dame du Mont-Carmel, il écrivait : « Demain, à la pointe du jour, je passe la frontière, rempli de foi en Dieu et de confiance dans la valeur de mes volontaires. Unissez vos prières aux miennes, car je sais que je vais à la rencontre de grands obstacles et de grands dangers, et j'ai plus que jamais besoin de la protection du ciel. Hier, j'ai fait la sainte communion : Notre-Dame du Mont-Carmel m'aidera, n'en doutez pas. Je porterai sur la poitrine le cœur de Jésus. C'est là un puissant bouclier. »

« Le paisible examen des choses, disait-il une autre fois, me persuade que Dieu nous bénit, et me fait espérer que bientôt nous le verrons plus clairement encore. Prions beaucoup, car la prière est, sans nul doute, la meilleure de toutes les armes. »

« Nous combattons pour Dieu, écrivait-il encore, nous avons donc droit d'espérer beaucoup de lui. Nous avons beaucoup à souffrir faute d'argent ; mais fixant mes regards en Dieu, je dis à tous : Avançons et luttons, car le triomphe est certain si nous sommes constants... »

Les actes du roi concordent parfaitement avec ses paroles, comme nous allons le voir. Charles VII veut que sur tout le territoire occupé par son armée, l'Église jouisse de toute la liberté qui lui est due; et pour cette raison, il a supprimé le *Regium exequatur* pour les bulles, brefs et autres documents émanant de l'autorité du Saint-Père. Voici en quels termes il manifeste cette royale résolution :

« Le glorieux titre de catholiques que mes illustres prédécesseurs méritèrent du Saint-Siége par leur piété et leurs services éminents, et qui fut donné comme récompense aux rois d'Espagne, titre que je suis décidé à rehausser autant que possible, me pousse à prendre une décision qui est la conséquence des sentiments qui m'inspirent. La liberté de l'Église en Espagne a été limitée dans la publication et l'exécution des bulles et décrets provenant du Saint-Siége : les lois en vigueur s'y opposaient, à moins que le pouvoir civil ne décidât, d'après son propre et privé jugement, s'il y avait lieu de les observer ou non. Mais moi, je me propose d'ôter cette entrave qu'on a toujours mise à la liberté de l'Église.

« Je sais bien qu'une affaire aussi importante pour l'Église et pour l'État exige d'abord une entente entre les deux puissances, en vue d'arriver à des solutions qui puissent amener le bonheur spirituel et temporel de mes sujets bien-aimés; mais comme les circonstances de la guerre que je soutiens pour la défense de mes droits légitimes ne sont pas favorables à des négociations qui demandent du loisir et de la tranquillité, j'espère, mettant ma confiance en Dieu, occuper le trône de mes ancêtres, et j'agirai alors d'accord avec le Saint-Siége sur les points indiqués, en faisant concilier toute la liberté d'action dont l'Église doit jouir, avec les droits et priviléges de mon autorité royale.

« Entre temps, et mettant en pratique mon intention annoncée, je veux que dans le territoire occupé par ma vaillante armée, ou qu'elle pourrait dominer, liberté soit donnée à la circulation des documents dont il est question ci-dessus. »

Cet acte, par lequel Charles VII manifeste les principes vraiment *catholiques*, *apostoliques* et *romains* auxquels il a été constamment fidèle et dont il a toujours fait profession ouverte dans tous ses écrits, manifestes, lettres, discours, etc., attirera certainement sur sa tête toutes les bénédictions du ciel; car *Dieu n'aime rien tant ici-bas que la liberté de son Église*, comme l'a dit un saint docteur.

Aussitôt que l'armée carliste eut pénétré sur le territoire de saint Ignace, Charles VII se hâta de restituer aux Pères de la Compagnie de Jésus le berceau de leur ordre, la célèbre maison de Loyola. De plus, il résolut de célébrer dans ce vénéré sanctuaire la fête de la Nativité de la sainte Vierge. En effet, le 7 septembre, accompagné de l'évêque d'Urgel, grand aumônier des troupes, de tout son état-major et de la division de Guipuscoa, il fit son entrée à Azcoitia. On avait construit des arcs de triomphe dans les rues et orné l'église de Loyola comme pour les plus grandes solennités. Les clameurs et les vivats de la multitude étaient tels qu'ils faisaient retentir toute la vallée. Les nombreux prêtres venus des pays voisins et les aumôniers militaires employèrent toute la soirée à entendre les confessions. Le 8, dès quatre heures du matin, les confesseurs se trouvaient à leur poste ; il n'y eut pas un seul général, officier ou soldat qui ne reçût l'absolution.

Le roi communia le premier ; puis vinrent les gentilshommes de sa suite et les généraux ; en troisième lieu, les chefs et les commandants des corps ou bataillons ; enfin, les capitaines et officiers suivis de leurs compagnies respectives. Quatre prêtres aidaient l'évêque et distribuaient aux autels latéraux la sainte hostie à toute cette pieuse armée. Que spectacle touchant et plein d'édification? Toute une armée de héros chrétiens, avec leurs chefs et leur roi à leur tête, se préparant par la réception du pain des anges, à livrer les combats du Seigneur pour la défense de la religion, de la société et de la patrie !

Lors de la consécration de tous les fidèles de l'Église catholique au divin Cœur de Jésus, le 16 juin 1875, Charles VII avec toute son armée participa à ce grand acte. Voici ce que nous lisons dans une correspondance d'Espagne : « Au milieu du bruit des armes, l'armée de don Carlos a su, avec son jeune et chevaleresque chef, trouver le temps d'aller se retremper aux sources salutaires de la foi, et y puiser une vigueur nouvelle pour combattre les *combats du Seigneur.*

« Dans la matinée d'hier et à l'église principale d'Orduña a eu lieu l'Acte de consécration au Cœur sacré de Jésus, selon la formule approuvée par le Saint-Père.

« Le temple saint ne pouvait contenir tous ceux qui étaient accourus à cette solennité. On voyait à leur tête don Carlos, son auguste père, les principaux dignitaires, tous ceux qui composent la cour du prince, ainsi que ses gardes. Tous ces hauts personnages ont fait la sainte communion. Après une allocution courte, mais pleine d'éloquence et d'à-propos, a été prononcé l'Acte solennel de consécration au divin Cœur de Jésus. »

III. — Les soldats du cœur de Jésus et de Marie-Immaculée

(VOLONTAIRES DU ROI CHARLES VII)

On peut leur donner ce beau nom à tous ces braves qui ne se battent que pour Dieu et la Patrie. « Je voudrais que vous les vissiez nos nouveaux croisés, écrivait un jour Charles VII, avec leur cœur de Jésus sur la poitrine et vraiment admirables de foi et de valeur. Je suis maintenant avec Lizzaraga, qui est un saint et un grand général. Il est impossible que Dieu n'aide pas un pareil peuple, si rempli d'abnégation, et qui ne semble pas appartenir à ce siècle d'*argent*, car il donne *tout, tout, tout* ce qu'il a. Et le reste du monde catholique l'abandonnerait ? J'espère qu'il n'en sera pas ainsi ; mais, par charité, faites ce que vous pourrez pour tâcher de les habiller, » etc.

Des témoins oculaires nous ont souvent rapporté combien ils étaient édifiés de la conduite chrétienne de l'armée carliste. Il faut entendre, nous disaient-ils, avec quelle ardeur les soldats, pendant les marches, chantent des hymnes à la Sainte Vierge ; tous les soirs, ils récitent le chapelet à haute voix et tête nue ; au son de l'*Angelus*, ils s'arrêtent pour prier les genoux en terre. Toutes les fois qu'ils le peuvent, ils entendent la messe et font leurs dévotions. Leur esprit est si bon, que les habitants, lorsqu'ils les comparent aux hordes sauvages des républicains, sont profondément touchés et édifiés. Il n'est pas surprenant, après cela, que Dieu les protége d'une manière si particulière, et qu'il n'y ait jamais dans les combats de comparaison possible, pour le nombre des morts, entre les carlistes et leurs ennemis.

Du reste, on peut se faire une idée de l'esprit vraiment chrétien qui règne parmi les armées royales, en lisant les proclamations de ses chefs.

Voici en quels termes un général carliste haranguait dernièrement ses troupes :

« Volontaires ! depuis que j'ai eu l'honneur de prendre le commandement de votre héroïque division, un seul désir me préoccupe : c'est de faire de vous une division exemplaire, une armée modèle par sa discipline, ses sentiments religieux et son héroïsme.

« Ainsi, comme toutes ces bonnes dispositions sont les fruits de la pratique des vertus chrétiennes, mon devoir de catholique et de soldat m'oblige à veiller à ce que l'on observe, parmi vous, les saintes maximes et les préceptes que le Catéchisme nous enseigne.

« Notre prince a consacré son armée au divin Cœur de Jésus. Nous devons donc en porter l'image sur nos poitrines ; nous devons réciter tous les jours le Rosaire béni de son auguste Mère. Nous devons observer avec la plus grande exactitude tous les préceptes de l'Église.

« C'est par la vertu, et la vertu seule, que les hommes deviennent forts et les armées invincibles. Dieu n'a pas besoin de beaucoup de fusils ni de beaucoup de canons. Il exige qu'on le serve en esprit et en vérité, et de son bras tout-puissant il donne la victoire à ceux qui l'aiment et défendent ses droits.

« ..... Vive la religion du ciel ! Vive l'Espagne catholique ! A bas la Franc-Maçonnerie !

« 20 septembre 1875.

« Celedonio Iturralde. »

CONCLUSION

J'ai fini, et cependant je n'ai pas raconté la centième partie des faits édifiants qui se passent journellement dans les rangs des carlistes. Je n'ai rien dit non plus de cette héroïne de la charité, la reine Marguerite, si digne par ses vertus et les qualités de son cœur d'être associée à un prince aussi vaillant.

Ah ! sans doute, on ne peut s'empêcher de déplorer la longueur de cette guerre que l'on voudrait déjà voir terminée à la gloire du divin Cœur de Jésus, blason et espoir de ces nobles croisés. Et pourtant, quand on pense que c'est avec *rien*, sans nul secours des hommes, que ces grandes choses ont commencé et progressent, on ne peut s'empêcher de dire : *le doigt de Dieu est là*. C'est pourquoi, ô jeune Prince, marchez avec confiance dans la voie qui vous est tracée par le Ciel ; les vœux de l'univers catholique vous accompagnent ; mille et mille prières s'élèvent chaque jour vers le trône de Dieu, pour vous et pour la sainte cause que vous soutenez avec vos cent mille volontaires. Marchez dans cette voie avec une persévérance indomptable, avec une volonté de fer ; marchez, au nom de Dieu qui vous envoie, au nom de la Vierge immaculée, patronne de l'Espagne, qui vous bénit, au nom des intérêts catholiques que vous défendez, au nom de l'Église dont vous assurez la liberté, au nom de la patrie que vous relevez, au nom des consciences honnêtes que vous rassurez, au nom de la société tout entière dont vous êtes l'espoir !

Par votre noble attitude, votre fermeté d'âme et votre rare abnégation, déjà vous avez remis en grand honneur la cause du bon droit et de la monarchie ; vous donnez un merveilleux exemple aux défenseurs de cette cause et une leçon qui ne restera pas stérile à ces catholiques et à ces conservateurs qui ne reconnaissent pas d'autre moyen que la peur sous le masque de la prudence, et pensent restaurer l'ordre chrétien en Europe, par les vœux et les soupirs.

Dans ce siècle d'abaissement et d'odieuse tyrannie, où l'on voudrait faire régner *le droit de la force*, faites triompher *la force du droit*.

Dieu le veut ! Dieu le veut ! Et vous, conservateurs et légitimistes, de notre côté n'y a-t-il rien à faire ? Ne pouvons-nous pas de notre argent ou de nos personnes, aider ces vaillants soldats, qu'on

verrait alors entrer victorieux à Madrid, et de
s'élancer pour le soutien des bonnes causes ? O
si les catholiques du monde entier voulaient s'u.
et donner leur obole à ces croisés, bientôt.
triomphe de la justice serait assuré sur cette nok
terre de Pélage et de saint Ferdinand ; et l'unive
catholique tressaillerait d'allégresse.

Paris ce 6 janvier 1876,

en la fête de Jésus-Roi.

Paris. — Typ. PILLET fils aîné, 5, rue des Grands-Augustins.

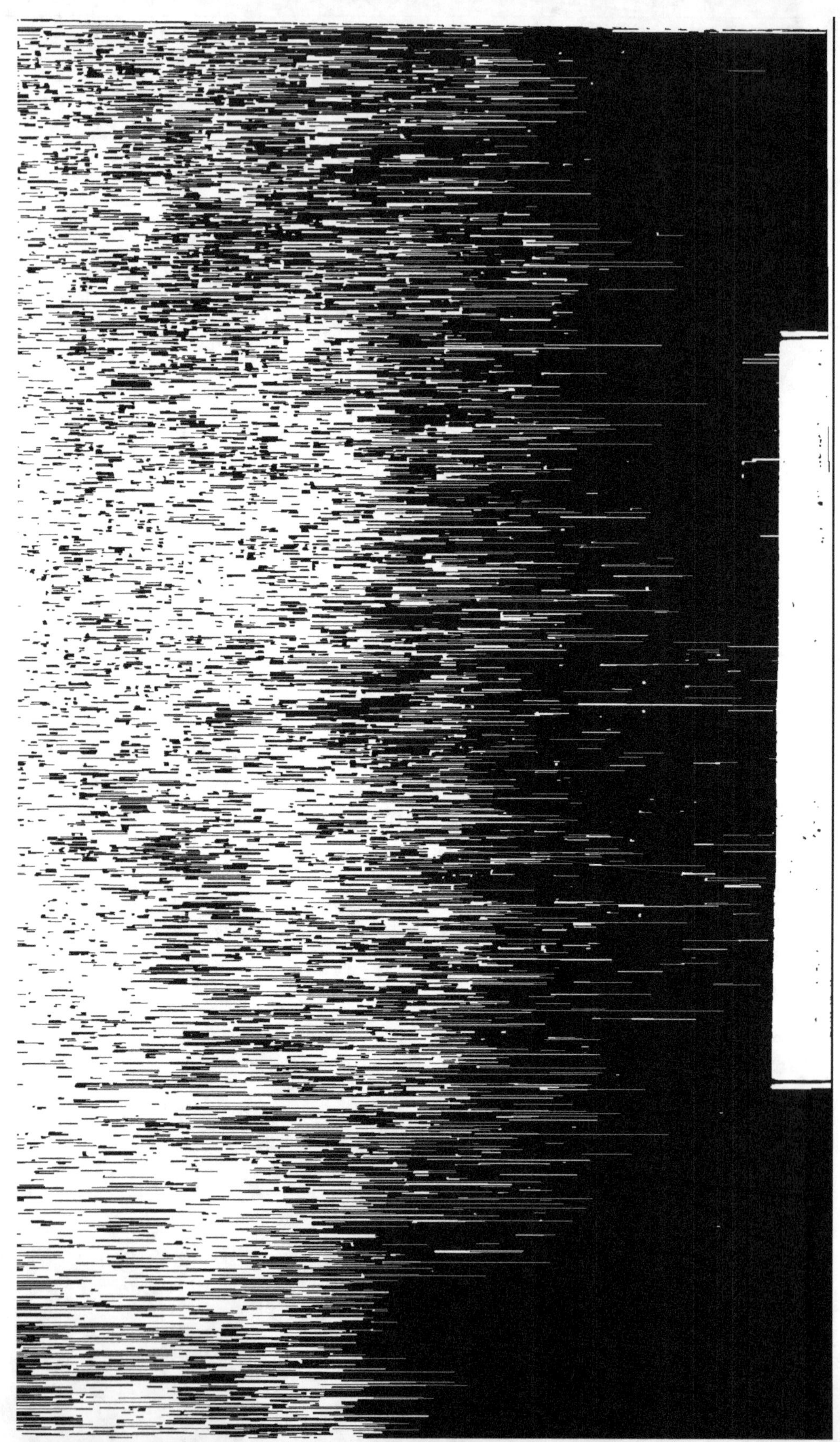

www.ingramcontent.com/pod-product-compliance
Lightning Source LLC
Chambersburg PA
CBHW062314070726
47596CB00009B/1965